Mesmère AGOSSOU

LE POUVOIR DE LA RECONNAISSANCE

AF209937

Mesmère AGOSSOU

LE POUVOIR DE LA RECONNAISSANCE

Faire de la gratitude son style de vie

Éditions Croix du Salut

Imprint
Any brand names and product names mentioned in this book are subject to trademark, brand or patent protection and are trademarks or registered trademarks of their respective holders. The use of brand names, product names, common names, trade names, product descriptions etc. even without a particular marking in this work is in no way to be construed to mean that such names may be regarded as unrestricted in respect of trademark and brand protection legislation and could thus be used by anyone.

Cover image: www.ingimage.com

Publisher:
Éditions Croix du Salut
is a trademark of
Dodo Books Indian Ocean Ltd. and OmniScriptum S.R.L publishing group

120 High Road, East Finchley, London, N2 9ED, United Kingdom
Str. Armeneasca 28/1, office 1, Chisinau MD-2012, Republic of Moldova, Europe
Managing Directors: Ieva Konstantinova, Victoria Ursu
info@omniscriptum.com

Printed at: see last page
ISBN: 978-620-8-86335-7

LE POUVOIR DE LA RECONNAISSANCE

Faire de la gratitude son style de vie

LE POUVOIR DE LA RECONNAISSANCE

Faire de la gratitude son style de vie

Mesmère AGOSSOU

TABLE DES MATIERES

DEDICACE ET REMERCIEMENTS

- Je rends infiniment grâce à DIEU qui a inspiré ce livre et qui, par son Esprit Saint, m'a orienté pour la production de ce document ;

- Je suis reconnaissante envers mon cher époux Arnaud AGOSSOU pour son amour, son soutien, ses conseils et son accompagnement lors de la réalisation de cette œuvre ; Que le Seigneur te bénisse !!!

- Je remercie mon père Mesmin MICHODJEHOUN et ma mère Claudine EGOUDJOBI pour leur amour et leur soutien indéfectible sans oublier mes familles maternelles et paternelles.

- Je dis un grand Merci à tous ceux qui m'ont aidé de près comme de loin au travers de leurs prières ;

- J'exprime ma gratitude envers vous qui vous procurerez ce livre. Ma prière est qu'après avoir pris connaissance de ces pages, vous deveniez des adorateurs à plein temps de DIEU qui font de l'action de grâce une nécessité pour leur quotidien.

INTRODUCTION

Depuis votre naissance jusqu'à ce jour, la main du Seigneur a été sur vous. Plusieurs situations indésirables auraient pu vous arriver. Mais si vous êtes là aujourd'hui, c'est uniquement par la grâce de DIEU. Le simple fait de respirer et de vous être levé ce matin suffit pour être reconnaissant envers DIEU.

DIEU est merveilleux et il manifeste sa miséricorde de plusieurs manières dans nos vies.

Si par rapport aux personnes qui vous font du bien, qui vous rendent un service, qui vous aident à sortir de certaines situations ou qui vous manifestent de l'amour, vous vous sentez redevables ou obligés d'exprimer votre gratitude, il est primordial sinon nécessaire de rendre grâce à DIEU pour tous ses bienfaits et bénédictions dans votre vie.

1 Thessaloniciens 5:18: ''Rendez grâces en toutes choses, car c'est à votre égard la volonté de DIEU en Jésus-Christ''.

L'action de grâce n'est pas juste une simple prière, c'est une attitude qui fait ressentir en son cœur une profonde gratitude envers DIEU.

Être reconnaissant envers DIEU, c'est rendre gloire à DIEU en lui exprimant des actions de grâces pour sa miséricorde dans votre vie.

Pourquoi, comment et quand rendre grâce à DIEU ?

C'est de cela que nous allons parler tout au long de ce guide.

Mon souhait est qu'après la lecture, vous développiez une routine journalière d'actions de grâces à DIEU.

Ce livre comprend 2 grandes parties :

Dans la première partie, nous verrons de façon explicite l'importance de la reconnaissance, ses différents avantages ainsi que les manières de rendre grâce à DIEU.

Dans la seconde partie, nous allons réaliser un challenge de 12 jours d'Actions de grâces (A.G-12) afin de manifester de façon pratique notre reconnaissance envers DIEU.

Bonne Lecture !

PREMIERE PARTIE

LA RECONNAISSANCE :

Son importance, ses avantages et sa mise en pratique

Chapitre 1 : Qu'est-ce-que la reconnaissance ?

La reconnaissance est une preuve d'amour envers DIEU, c'est la manifestation de notre soumission, c'est l'expression de notre gratitude.

Le Dictionnaire Larousse définit la reconnaissance comme un sentiment qui incite à se considérer comme redevable envers la personne de qui on a reçu un bienfait.

Tous les êtres humains doivent se sentir redevable envers DIEU, ne serait-ce que parce qu'il nous a créé et que c'est lui qui pourvoit à tous nos besoins.

Psaumes 103:2 : Que tout mon être loue l'Eternel, sans oublier aucun de ses bienfaits.

Rendre grâce c'est remercier DIEU pour ce qu'il fait dans votre vie.

Les Evangiles nous montrent que même Jésus avait l'habitude de rendre grâce à DIEU.

✓ **Matthieu 15:36 : Et ayant pris les sept pains et les poissons, il rendit grace et** les rompit et les donna à ses disciples, et les disciples à la foule.

- ✓ Marc 14 :22-23 : Pendant qu'ils mangeaient, Jésus prit le pain; et, après avoir rendu grâces, il le rompit, et le leur donna, en disant : Prenez, ceci est mon corps. Il prit ensuite une coupe ; et, après avoir rendu grâces, il la leur donna, et ils en burent tous.

- ✓ Jean 11:40-44 : Jésus lui dit: Ne t'ai-je pas dit que, si tu crois, tu verras la gloire de DIEU ? Ils ôtèrent donc la pierre. Et Jésus leva les yeux en haut, et dit : Père, je te rends grâce de ce que tu m'as exaucé. Pour moi, je savais que tu m'exauces toujours ; mais j'ai parlé à cause de la foule qui m'entoure, afin qu'ils croient que c'est toi qui m'as envoyé. Ayant dit cela, il cria d'une voix forte : Lazare, sors ! Et le mort sortit, les pieds et les mains liés de bandes, et le visage enveloppé d'un linge. Jésus leur dit : Déliez-le, et laissez-le aller.

Dire merci à DIEU démontre que nous sommes conscients que DIEU est avec nous, cela témoigne de notre profond respect et de notre admiration envers Lui. Rendre des actions de grâces amène à reconnaitre la supériorité de DIEU, c'est être conscient que tout appartient à DIEU.

Rendre grâce c'est remercier DIEU pour ce qu'il fait dans votre vie. L'action de grâce n'est pas juste une simple prière à dire le matin, c'est le fait de ressentir dans son cœur une profonde gratitude envers DIEU et de le manifester au travers de nos actes.

La Bible nous raconte l'histoire des 10 lépreux que Jésus a guéri. Un seul parmi eux est revenu pour rendre grâce. **Jésus prit la parole et dit : « Les dix n'ont-ils pas été guéris ? Et les neuf autres, où sont-ils ? Ne s'est-il trouvé que cet étranger pour revenir et rendre gloire à DIEU ? » Puis il lui dit : « Lève-toi, vas-y, ta foi t'a sauvé.» (Luc 17:17-19).** Même Jésus a remarqué celui qui est revenu pour rendre grâce parmi les dix qu'il a guéris et il l'a béni. Avoir une attitude de reconnaissance envers DIEU pour ce que nous avons reçu nous place à un niveau où nous recevons plus de bénédictions.

La reconnaissance c'est l'expression de votre foi ; c'est rendre gloire à DIEU, l'honorer, le louer et le célébrer.

Il est anormal pour un chrétien de ne pas rendre grâce à DIEU parce que c'est la volonté de DIEU même. (**1Thessaloniciens 5:18**). Il est vital et nécessaire de glorifier DIEU pour toutes choses afin de ne pas tomber dans le péché de l'ingratitude qui conduit à une vie dans les ténèbres. **Puisque ayant connu DIEU, ils ne l'ont point glorifié comme DIEU, et ne lui ont point rendu grâces ; mais ils se sont égarés dans leurs pensées, et leur cœur sans intelligence a été plongé dans les ténèbres. (Romains 1:21).**

Le Pape François a dit lors d'une Audience Générale que si nous considérons que nous avons été pensés avant que nous apprenions à penser, que nous avons été aimés avant que nous apprenions à aimer, que nous avons été désirés avant que dans notre cœur ne naisse un désir, nous ferons de l'action de grâce le fil directeur de nos journées. Il a continué en disant de ne surtout pas négliger de rendre grâce parce que si nous sommes porteurs de gratitude, le monde devient lui aussi meilleur, peut-être seulement un peu plus, mais c'est ce qui suffit à lui transmettre un peu d'espérance. Le monde a besoin d'espérance et avec la gratitude, en ayant cette attitude de dire « Merci », nous transmettons un peu d'espérance.

Lorsque vous considérez que c'est DIEU qui vous a créé, que c'est Lui qui renouvelle chaque matin votre souffle de vie, que c'est Lui qui vous maintien en santé, que c'est par sa grâce que vous avez votre travail, votre famille, vos biens matériels, etc., vous trouverez normal de rendre grâce à DIEU pour toutes ces choses et bien plus.

Romains 11:36 : C'est de lui, par lui et pour lui que sont toutes choses. A lui la gloire dans tous les siècles ! Amen !

Chapitre 2 : Pourquoi il est important de rendre grâce?

La reconnaissance envers DIEU consolide votre relation avec lui, cela augmente votre degré de dépendance envers DIEU. Exprimer de la gratitude à DIEU démontre que :

- vous aimez DIEU ;
- vous êtes humbles ;
- vous avez la crainte de DIEU ;
- vous voulez le DIEU des choses et pas les choses de DIEU ;
- vous avez confiance en lui ;
- vous reconnaissez que toute la gloire revient à DIEU ;
- vous êtes conscients que sans lui, vous n'êtes rien ;
- vous n'êtes pas ingrats.

Rendre grâce à DIEU :

➢ **augmente votre foi** : vous serez conscients que si il a déjà fait quelque chose par le passé, il pourra toujours le faire à nouveau.

Peu importe les circonstances que vous allez traverser, vous allez vous rappeler des œuvres de DIEU dans votre vie et vous serez rempli d'assurance pour la suite. **Romains 4:20-21: Il ne douta point, par incrédulité, au sujet de la promesse de DIEU ; mais il fut fortifié par la foi, donnant gloire à DIEU, et ayant la pleine conviction que ce qu'il promet il peut aussi l'accomplir.**

➢ **améliore vos moments d'intimité avec DIEU** : vous passez des temps de qualité avec DIEU parce que vous éprouvez du plaisir à le louer, à le chanter et à l'adorer. Vous allez apprécier demeurer dans sa présence pour le contempler. **Colossiens 4: 2: Persévérez dans la prière, veillez-y dans une attitude de reconnaissance.**

➢ **remplit de joie** : vous ressentez constamment l'amour de DIEU pour vous et votre cœur est dans l'allégresse. **Psaume 126:3: L'Eternel a fait pour nous de grandes choses ; Nous sommes dans la joie.**

➢ **apporte la paix** : vous ne vous inquiétez plus de rien, vous confiez tous vos soucis à DIEU parce que vous êtes convaincus qu'il va s'en occuper alors vous vivez dans la quiétude. **Philippiens 4:6-7: Ne vous inquiétez de rien ; mais en toute chose faites connaître vos besoins à DIEU par des prières et des supplications, avec des actions de grâces. Et la paix de DIEU, qui surpasse toute intelligence, gardera vos cœurs et vos pensées en Jésus-Christ.**

➢ **ouvre le ciel de grâces** : Lorsque vous êtes reconnaissants envers DIEU, les bénédictions qu'il y a dans votre vie vont augmenter considérablement parce que vous serez plus connecter à DIEU. **2Corinthiens 4:15: car tout cela arrive à cause de vous, afin que la grâce en se multipliant, fasse abonder, à la gloire de DIEU, les actions de grâces d'un plus grand nombre.**

On apprend aux enfants dès leur plus jeune âge à dire merci pour leur inculquer la reconnaissance vis-à-vis de ce qu'ils ont reçu. Il ne s'agit pas de dire juste une formule de politesse mais de manifester de manière concrète que l'on a apprécié ce qu'on nous a donné.

Psaumes 113 : Louez l'Eternel ! Serviteurs de l'Eternel, louez, Louez le nom de l'Eternel ! Que le nom de l'Eternel soit béni, Dès maintenant et à jamais ! Du lever du soleil jusqu'à son couchant, Que le nom de l'Eternel soit célébré !

L'Eternel est élevé au-dessus de toutes les nations, Sa gloire est au-dessus des cieux.

Qui est semblable à l'Eternel, notre DIEU ? Il a sa demeure en haut ; Il abaisse les regards sur les cieux et sur la terre. De la poussière il retire le pauvre, Du fumier il relève l'indigent, Pour les faire asseoir avec les grands, Avec les grands de son peuple. Il donne une maison à celle qui était stérile, Il en fait une mère joyeuse au milieu de ses enfants. Louez l'Eternel !

Même si vous n'avez pas encore atteint le niveau professionnel ou financier auquel vous aspirez, que vous ne vivez pas encore dans la maison que vous souhaitez et que vous ne conduisez pas la voiture de vos rêves, vous devez dire Merci à DIEU pour ce que vous avez déjà.

Le Pasteur Yves CASTANOU lors d'un de ces enseignements sur l'action de grâce a dit que l'action de grâce est un puissant mystère qui ouvre beaucoup de portes et que la culture de la reconnaissance a beaucoup de bénéfices comme :

- conserver ce que nous avons déjà ;

- permettre à DIEU de finir l'œuvre qu'Il est en train d'accomplir dans nos vies ;

- éviter les malédictions (la colère de DIEU).

Malachie 2:2: Si vous n'écoutez pas, si vous ne prenez pas à cœur de m'honorer, dit l'Eternel, le Seigneur des armées célestes, alors j'enverrai la malédiction contre vous. Et vos bénédictions, j'en ferai des malédictions. Oui, j'en fais des malédictions car aucun, parmi vous, ne prend à cœur de m'honorer.

Chapitre 3 : Quels sont les avantages à être reconnaissants envers DIEU ?

Psaumes 117 : Louez l'Eternel, vous toutes les nations, Célébrez-le, vous tous les peuples ! Car sa bonté pour nous est grande, Et sa fidélité dure à toujours. Louez l'Eternel !

Mise à part l'assurance et la confiance qui vous rend heureux et vous procure une sensation de légèreté, exprimer sa gratitude envers DIEU conduit à :

❖ **expérimenter des miracles** : avoir l'habitude de rendre grâces va vous amener à vivre des expériences surnaturelles. Vous allez voir certaines situations se résoudre miraculeusement.

Actes 16:25-26 : Vers le milieu de la nuit, **Paul et Silas priaient et chantaient les louanges de DIEU, et les prisonniers les entendaient. Tout à coup il se fit un grand tremblement de terre, en sorte que les fondements de la prison furent ébranlés ; au**

même instant, toutes les portes s'ouvrirent, et les liens de tous les prisonniers furent rompus.

❖ **contrer les attaques des ennemis** : lorsque vous rendez grâces à DIEU, vous lui confiez votre vie alors il vous protège de tout type de danger visible comme invisible.

1 Corinthiens 15:57: Mais grâces soient rendues à DIEU, qui nous donne la victoire par notre Seigneur Jésus-Christ !

❖ **avoir la vie éternelle** : Cultiver la reconnaissance envers DIEU change votre perception de la vie et vous amène à renoncer au péché pour ressembler davantage à Jésus-Christ et ainsi avoir part à la vie éternelle.

Colossiens 1:12-14: Rendez grâces au Père, qui vous a rendus capables d'avoir part à l'héritage des saints dans la lumière, qui nous a délivrés de la puissance des ténèbres et nous a transportés dans le royaume du fils de son amour, en qui nous avons la rédemption, la rémission des péchés.

❖ **être restaurer** : lorsque vous exprimez de la gratitude à DIEU vous vous concentrez sur le positif, vous prenez l'habitude d'apprécier ce que vous avez et cela vous apporte de la sérénité et un certain équilibre émotionnel.

Colossiens 3:15: Et que la paix de Christ, à laquelle vous avez été appelée, pour former un seul corps, règne dans vos cœurs. Et soyez reconnaissants.

❖ **vivre une vie en abondance** : plus vous rendez grâces, plus vous recevez de nouvelles bénédictions et vous serez vous même une source de bénédictions pour les autres.

2Corinthiens 9:11-12 : Ainsi vous serez enrichis à tout point de vue pour toutes sortes d'actes de générosité qui, par notre intermédiaire, feront monter des prières de reconnaissance vers DIEU. En effet, le service de collecte ne pourvoit pas seulement aux besoins des saints, il fait aussi abonder les prières de reconnaissance envers DIEU.

Chapitre 4 : Comment rendre grâce à DIEU ?

Psaumes 149:1-5 : Louez l'Eternel ! Chantez à l'Eternel un cantique nouveau ! Chantez ses louanges dans l'assemblée des fidèles ! Qu'Israël se réjouisse en celui qui l'a créé ! Que les fils de Sion soient dans l'allégresse à cause de leur roi ! Qu'ils louent son nom avec des danses, Qu'ils le célèbrent avec le tambourin et la harpe ! Car l'Eternel prend plaisir à son peuple, Il glorifie les malheureux en les sauvant. Que les fidèles triomphent dans la gloire, qu'ils poussent des cris de joie sur leur couche !

Pour montrer votre reconnaissance envers DIEU, vous pouvez :

- adresser des chants de louanges et d'adoration ;

- esquissez des pas de danse et poussez de cris de joie ;

- passer du temps dans la prière et méditer la parole de DIEU ;

- prendre souvent des temps de jeûne ;

- semer dans la maison de DIEU (dons et offrandes) ;

- manifester de l'amour et de la générosité envers les autres ;

- faire confiance à DIEU quelle que soient les circonstances.

IMPORTANT : Vous devez cultivez l'habitude d'exprimer de la gratitude à DIEU chaque matin, mais aussi à ceux qui vous entoure parce qu'ainsi vous serez zen, vous serez dans la joie, vous aurez une bonne relation avec les autres et alors vous serez plus performant dans vos différentes activités.

Proverbes 17:22: Un cœur joyeux est un bon remède, mais un esprit abattu dessèche les os.

En exprimant notre gratitude à DIEU nous reconnaissons ainsi qu'Il est au-dessus de toutes les circonstances que nous pouvons traverser (bonheur comme adversité) et que par Christ son

Fils qui s'est offert en sacrifice sur la croix, nous avons déjà été délivrés et sauvés.

● **Ephésiens 1:3-6 : Loué soit DIEU, le Père de notre Seigneur : Jésus le Christ, car il nous a comblés des bénédictions de l'Esprit dans le monde céleste qui, toutes, sont en Christ. En lui, bien avant de poser les fondations du monde, il nous avait choisis pour que nous soyons saints et sans reproche devant lui. Puisqu'il nous a aimés, il nous a destinés d'avance à être ses enfants qu'il voulait adopter par Jésus-Christ. Voilà ce que, dans sa bonté, il a voulu pour nous afin que nous célébrions la gloire de sa grâce qu'il nous a accordée en son Fils bien-aimé.**

● **Ephésiens 1:22-23 : DIEU a tout placé sous ses pieds, et ce Christ qui domine toutes choses, il l'a donné pour chef à l'Eglise qui est son corps, lui en qui habite la plénitude du DIEU qui remplit tout en tous.**

Chapitre 5 : Quand est-ce qu'il faut rendre grâce à DIEU ?

La reconnaissance envers DIEU va bien au-delà du temps et ne se limite pas aux moments où nous sommes en joie parce que nous avons reçu une grâce de DIEU.

Chaque jour, vous avez plus d'une raison de dire Merci à DIEU parce que ses bienfaits dans vos vies sont nombreux. En tant que chrétien, vous devez être conscient que ce n'est pas avec vos propres forces que vous vous réveillez chaque matin ou encore que vous possédez tous vos biens matériels. C'est la faveur de DIEU qui vous confère toutes ces choses parce qu'il vous aime. DIEU manifeste son amour envers nous ses enfants par sa miséricorde. DIEU nous aime tellement qu'il nous a envoyé son fils unique qui s'est fait chair et est venu habiter parmi nous et qui s'est sacrifié pour nous sauver et nous donné la vie éternelle. **(Jean 1:14 ; Jean 3 :16)**

Vous devez être reconnaissant chaque jour, cela doit devenir une routine quotidienne, votre cœur, vos actions et votre bouche doivent manifester naturellement et fréquemment de la reconnaissance envers DIEU en toutes circonstances.

Colossiens 3:17: Et quoi que vous fassiez, en parole ou en œuvre, faites tout au nom du Seigneur Jésus en rendant par lui des actions de grâces à DIEU le père.

Le fait de se concentrer sur ce qui est positif vous rend heureux et cela va améliorer nettement votre quotidien. Vous devez considérer qu'autour de vous, il y a des orphelins qui doivent mendier pour manger. Il y a également des personnes qui sont gravement malades et d'autres qui ne verront pas l'année prochaine. Alors, vous devez prendre conscience des privilèges que DIEU a mis dans votre vie.

Phillipiens 4:4: Rejouissez-vous toujours dans le Seigneur ; je le répète, rejouissez-vous !

Loin de moi l'idée de minimiser la situation particulière que vous traversez, mais les plaintes n'ont jamais résolu des problèmes. Pourquoi être dans l'inquiétude et dans l'angoisse alors que par vous-même vous n'êtes pas capable de changer quoi que ce soit ? Prioriser les actions de grâces, confiez-vous en Celui qui est au-dessus de tout et vous verrez que peu importe la durée de la nuit, le soleil finit toujours pas se lever.

Psaume 118:24: Voici le jour que l'Eternel a fait : qu'il soit fait pour nous un sujet d'allégresse et de joie !

Louer DIEU même dans les épreuves est un grand signe de reconnaissance parce que vous démontrez votre foi et exprimez votre gratitude pour les choses qui ne sont pas encore arrivées (vous croyez et êtes confiants en ce que vous n'avez pas encore vu).

Joyce Meyer dans l'introduction de son livre **« La puissance de la reconnaissance : 365 méditations pour découvrir l'impact de la gratitude »** *a dit que bien souvent, nous nous concentrons uniquement sur ce que nous* n'avons pas ou sur ce que nous aimerions avoir et nous traversons la vie en étant frustrés et déprimés. Mais lorsque nous faisons une pause et pensons à ce que nous avons déjà reçu et combien DIEU nous a bénis, cela nous donne une toute nouvelle perspective ; notre pensée est renouvelée, notre attitude change et nous commençons à apprécier la vie de plus en plus.

Vous devez porter toute votre attention sur les bonnes choses qui se trouvent dans votre vie parce qu'ainsi vous allez attirer vers vous ce à quoi vous pensez (les bonnes choses).

Ce qu'il ne faut pas aussi oublier, c'est de remercier DIEU quand tout va bien pour vous. Le fait d'être béni et dans la joie peut amener certaines personnes à s'éloigner de DIEU pour profiter des grâces qu'Il leur a données ou encore de se glorifier eux-mêmes parce que tout va bien. Prier étant une forme de reconnaissance envers DIEU, vous ne devez pas attendre d'être dans des difficultés pour vous tourner vers DIEU parce qu'en contrepartie vous attendez un certain résultat.

Avoir une attitude de reconnaissance vous amène à être humble dans vos moments d'allégresse et à être confiants et persévérants dans la foi dans vos moments d'adversité.

De façon pratique, je vous recommande 2 exercices :

1) Dans un carnet, écrivez tous les bienfaits de DIEU dans votre vie ;

Le but de cet exercice est de vous amener à prendre conscience de tout ce que DIEU a fait pour vous. Chercher à puiser au fond de vos souvenirs même les plus lointains et vous verrez par vous-même la quantité de grâces dont vous bénéficiez. Cela va vous rebooster lorsque vous serez face à certaines difficultés pour reprendre confiance en vous et garder foi.

2) A chacune de vos sorties, prenez le temps de contempler les œuvres de DIEU.

Ici, l'objectif est que vous réalisez toutes les belles choses qui sont autour de vous. Si cela est possible, lors de vos trajets (maison - boulot, école, supermarché et autres) arrêtez-vous un instant pour apprécier les merveilles qui vous entourent. Vous verrez comment DIEU prend bien soin de vous en mettant à votre disposition tout ce dont vous avez besoin.

Si vous voyagez pour les vacances, prenez le temps pour admirer la beauté de la mer, les couchers ou levers de soleil, le bruit des oiseaux tôt le matin, le frottement des feuilles des arbres de la forêt lors de la brise du matin, etc... . Même dans l'avion, vous pouvez regarder à travers le hublot pour voir combien notre DIEU est merveilleux et que ses œuvres sont parfaites.

Ephésiens 5:20: Rendez continuellement grâces pour toutes choses à DIEU le Père, au nom de notre Seigneur Jésus-Christ.

DEUXIEME PARTIE

CHALLENGE 12 JOURS
D'ACTIONS DE GRÂCES (A.G-12)

Chapitre 6 : Pourquoi ce challenge?

Le challenge **A.G-12** est une instruction que j'ai reçu de DIEU pour lui rendre grâce pendant 12 jours consécutifs en fin d'année.

Tout au long de ces 12 jours où mon mari et moi exprimons notre gratitude à DIEU, j'avais une sensation de paix, d'assurance et de confiance par rapport à la nouvelle année et dès le mois de janvier, ma famille et moi avions vu les fruits de ce challenge. Une opportunité à laquelle nous ne nous attendions même pas s'est présentée à nous et malgré les challenges que nous avions eu à rencontrer, cela s'est soldé par une victoire.

Ce challenge a eu un impact positif sur nos vies et je ressentais au plus profond de moi qu'il fallait le partager pour que beaucoup d'autres personnes puissent vivre la même expérience afin de témoigner de la gloire de DIEU par des actions de grâces.

Vous vous demandez certainement pourquoi 12 jours, et pas 3 ou 21 ?

Lorsque j'ai ressenti le besoin de faire avec mon mari les jours de prière d'actions de grâces en fin de l'année passée, j'avais une forte conviction qu'il fallait prier pendant 12 jours et comme j'avais déjà vu dans la Bible que le nombre 12 revenait très souvent, j'ai compris que c'était la volonté de DIEU.

Le nombre 12 symbolise la perfection. Apocalypse nous dit dans son chapitre 7 qu'il y a 144.000 personnes qui ont été élu par DIEU, douze mille serviteurs dans chacune des douze tribus d'Israël. Le nombre 12 représente le peuple parfait élu par DIEU.

J'ai recensé pour vous 12 références où le nombre 12 est utilisé dans la Bible :

❖ les 12 tribus d'Israël (les 12 fils de Jacob) : **Ce sont là tous ceux qui forment les douze tribus d'Israël. Et c'est là ce que leur dit leur père, en les bénissant. Il les bénit,** chacun selon sa bénédiction. (Genèse 49:28)

❖ les douze pains que DIEU a ordonné au prêtre Aaron (frère de Moïse) de placer devant lui à chaque sabbat : **Tu prendras de la fleur de farine, et tu feras cuire douze pains de six kilogrammes chacun. Tu les disposeras en deux rangées de six pains sur la table d'or pur devant l'Eternel (Lévitique 24 :5-6)**

❖ les douze mois de l'année : **Salomon avait douze intendants sur tout Israël. Ils pourvoyaient à l'entretien du roi et de sa maison, chacun pendant un mois de l'année. (1 Rois 4:7)**

❖ les douze pierres que Elie a utilisé pour construire un autel à DIEU lorsqu'il a fait descendre le feu du ciel : **A cet effet, il prit douze pierres, une pour chacune des tribus des descendants de Jacob, à qui** l'Eternel avait déclaré: «Tu t'appelleras Israël.» (1Rois 18:31)

❖ les douze ans de maladie de la femme atteinte de la perte de sang guérie miraculeusement par Jésus : **Et voici, une femme atteinte d'une perte de sang depuis douze ans s'approcha par derrière, et toucha le bord de son vêtement. Car elle disait en elle-même : Si je puis seulement toucher son vêtement, je serai guérie. Jésus se retourna, et dit, en la voyant : Prend courage, ma fille, ta foi t'a guérie. Et cette femme fut guérie à l'heure même. (Matthieu 9:20-22)**

❖ les douze apôtres de Jésus : **Voici les noms des douze apôtres. Le premier, Simon appelé Pierre, et André, son frère; Jacques, fils de Zébédée, et Jean, son frère; Philippe, et Barthélémy; Thomas, et Matthieu, le publicain; Jacques, fils d'Alphée, et Thaddée; Simon le Cananite,** et Judas l'Iscariot, celui qui livra Jésus. (Matthieu 10:2-4)

❖ les douze légions d'anges : **Penses-tu que je ne puisse pas invoquer mon Père, qui me donnerait à l'instant plus de douze légions d'anges ? (Matthieu 26:53)**

❖ les douze paniers remplis de restes de pains et de poissons que Jésus avait multiplié pour nourrir la foule : **ils les ramassèrent donc, et remplirent douze paniers avec ce qui restait des cinq pains d'orge qu'on avait mangés.(Jean 6:13)**

❖ les douze heures du jour : **Jésus répondit: N'y a-t-il pas douze heures au jour ? Si quelqu'un marche pendant le jour, il ne bronche point, parce qu'il voit la lumière de ce monde (Jean 11:9)**

❖ les douze étoiles qui couronnent la femme : **Alors un signe grandiose apparut dans le** ciel : c'était une femme. Elle avait pour vêtement le soleil, la lune sous ses pieds et une couronne de douze étoiles sur sa tête. (Apocalypse 12:1)

❖ les douze portes de la Jérusalem céleste : **Elle était entourée d'une grande et haute muraille, percée de douze portes gardées par douze anges, et sur ces portes étaient gravés les noms des douze tribus d'Israël. (Apocalypse 21:12)**

❖ les douze fruits de l'arbre de vie : **Au milieu de la place de la ville et sur les deux bords du fleuve, il y avait un arbre de vie, produisant douze fois des fruits, rendant son fruit chaque mois, et dont les feuilles servaient à la guérison des nations. (Apocalypse 22:2)**

Durant ces 12 jours il sera question de prendre le temps pour remercier le Seigneur pour les bénédictions de nos vies. Je vous recommande d'y associer le jeûne, l'aumône et la méditation de la parole de DIEU.

En ce qui concerne le jeûne, cela dépend de votre santé, il peut être strict (boire seulement de l'eau) ou partiel (manger une fois par jour ou encore se priver de viande).

Quand à la méditation de la parole de DIEU, si cela n'était pas dans vos habitudes, je vous propose de commencer par lire quelques versets chaque matin et de les méditer tout au long de la journée en laissant bien sûr le Saint Esprit vous conduire.

Chapitre 7 : Comment va se dérouler le challenge ?

Le challenge de 12 jours se fera en deux (02) parties :

- Les six (06) premiers jours nous permettrons de rendre grâce à DIEU pour l'année écoulée ;
- Les six (06) derniers jours serviront à rendre grâce à DIEU pour l'année à venir.

Nous aborderons six (06) grands sujets de reconnaissance envers DIEU qui sont :

1. Souffle de vie ;
2. Santé ;
3. Paix ;
4. Famille ;
5. Travail ;
6. Finances.

Pour chaque jour du challenge, il vous sera proposé :

✓ des méditations pour le matin ;
✓ des Psaumes pour le soir.

Jour 1: Souffle de vie tout au long de l'année passée

MEDITATION

Il est important de savoir que ce n'est pas à cause de votre alarme qui sonne tous les matins que vous vous réveillez, mais c'est par la volonté de DIEU.

L'Eternel DIEU forma l'homme de la poussière de la terre, il souffla dans ses narines un souffle de vie et l'homme devint un être vivant. (Genèse 2:7)

Lorsque DIEU créait l'homme, après l'avoir formé de la poussière du sol, il lui insuffla son souffle et c'est ce souffle qui a fait de l'homme un être vivant. **Quand il n'y a plus de souffle de vie, c'est la fin de la vie, donc la mort.**

Je suis sûr qu'au cours de l'année passée, il y a des personnes de votre entourage qui ne sont plus de ce monde (membres de la famille, collègues, amis, voisins et membres de l'église). Alors, vous à qui le Seigneur a fait la grâce d'être en vie aujourd'hui, devez impérativement lui dire MERCI.

Je me rappelle encore qu'au début de l'année 2021 aucun des membres de ma famille n'aurait prédit que 4 mois plus tard ma grand-mère allait nous quitter. C'est le cas de plusieurs familles qui sont souvent choqués ou surpris du décès d'un de leurs proches quel qu'en soit la raison.

Le souffle de vie est une faveur imméritée que DIEU renouvelle chaque matin dans la vie de plusieurs milliers de milliers de personnes. Ce n'est pas parce que vous avez fait telle ou telle chose que vous avez garanti votre réveil du lendemain. Ce n'est pas par mérite mais par grâce que DIEU vous a maintenu en vie jusqu'à aujourd'hui.

Remercions ensemble DIEU pour le souffle de vie dont il nous a fait grâce tout au long de l'année dernière :

PRIERE :

Seigneur, je te remercie pour le souffle de vie dont tu m'as fait grâce tout au long de cette année. Merci d'avoir été là pour

moi et pour mes proches tous les jours de l'année passée. Je suis conscient que chaque nouveau jour était un cadeau de ta part et je suis reconnaissant de nous avoir choisis pour bénéficier de cette grâce parce que nous ne sommes pas meilleurs que ceux qui ne sont plus de ce monde. Que ton nom soit loué à travers ma vie et celle de mes proches maintenant et pour toujours. Amen !

PSAUME

Psaume 30 : 2-6 :

Je te loue, ô Eternel, car tu m'as tiré du gouffre. Tu n'as pas permis que mes ennemis rient à mes dépens. Eternel, mon DIEU, je t'ai appelé à mon aide, et tu m'as guéri : Eternel, tu m'as retiré de la mort, tu m'as rendu à la vie quand j'allais vers le tombeau. Chantez donc à l'Eternel, vous qui êtes ses fidèles ! Apportez-lui vos louanges ! Proclamez sa sainteté ! Son courroux dure un instant, sa faveur est pour la vie. Si, le soir, des pleurs subsistent, au matin, la joie éclate.

Jour 2 : Santé tout au long de l'année passée

MEDITATION

S'il vous est déjà arrivé de rendre visite à un parent à l'hôpital, vous en êtes certainement ressorti le cœur lourd de ce que vous y avez vu. La santé est un cadeau de DIEU. Il ne suffit pas de faire attention à son hygiène de vie (faire beaucoup de sport ou avoir un régime alimentaire sain) et de faire des checkups médicaux chaque mois pour s'assurer une bonne santé. Je ne dis pas que faire ces choses n'est pas important, juste qu'être en bonne santé est un don de DIEU.

Vous servirez l'Eternel, votre DIEU, et il bénira votre pain et vos eaux, et j'éloignerai la maladie du milieu de toi. (Exode 23:25)

La maladie n'est pas une punition qui vient de DIEU, c'est un mensonge du diable pour vous déstabiliser. Certaines personnes, lorsqu'elles sont malades pensent que c'est parce qu'elles ont désobéi à DIEU qu'il leur a envoyé la maladie pour les corriger. Ce n'est pas le cas puisque DIEU veut que nous soyons en bonne santé.

Bien-aimé, je souhaite que tu prospères à tous égards et sois en bonne santé, comme prospère l'état de ton âme. (3 Jean 1:2)

Il y a quelques années de cela je souffrais constamment de fortes migraines et c'était très handicapant dans le quotidien. J'étais donc obligée de prendre des anti douleurs (presque tous les jours) qui après quelque temps ne faisaient plus effet. Je me plaignais souvent à l'époque de ma condition parce que j'ignorais qu'il fallait me rapprocher davantage de DIEU pour qu'il m'accorde la santé. Dès le moment où j'ai commencé par désirer DIEU, où j'ai voulu me rapprocher de lui en lisant ma bible, en suivant des enseignements oints et en priant davantage, j'ai observé que je suis passé petit à petit de quelques migraines la semaine à zéro migraine pendant des mois.

C'est DIEU qui pourvoit à notre santé physique, émotionnelle, relationnelle et surtout spirituelle. C'est Lui qui nous guérit de toutes nos blessures et maladies alors c'est notre devoir de lui en être reconnaissant.

PRIERE :

Père, Merci de m'avoir gardé en bonne santé tout au long de cette année. Même si j'ai été éprouvé par certaines maladies, tu as toujours été à mes côtés et tu m'as apporté la guérison. Je te suis reconnaissant d'avoir aussi veiller à la santé de mes proches et je te supplie du fond de mon cœur de visiter toutes les personnes qui sont actuellement malades afin qu'elles aussi puissent te rendre grâces. Amen !

PSAUME

Psaume 103 : 1-5 :

De David. Que tout mon être loue l'Eternel ! Que tout ce que je suis loue le DIEU saint ! Que tout mon être loue l'Eternel, sans oublier aucun de ses bienfaits. Car c'est lui qui pardonne tous tes péchés, c'est lui qui te guérit de toute maladie, qui t'arrache à la tombe. C'est lui qui te couronne de tendresse et d'amour, et qui te comble de bonheur tout au long de ton existence ; et ta jeunesse, comme l'aigle, prend un nouvel essor.

Jour 3: Paix tout au long de l'année passée

MEDITATION

Nous sommes dans une société où les mauvaises nouvelles vont plus vite que les bonnes, ce qui fait que nous pouvons nous laisser gagner par l'inquiétude et le stress. Plusieurs personnes se sont retrouvées dans des situations compliquées, des problèmes qui les dépassaient et comme elles n'avaient pas la capacité de les résoudre, elles ont éprouvé un sentiment de contrariété qui leur a donner des insomnies des jours durant. On observe qu'il y a de plus en plus de personnes qui souffrent de dépression.

Si vous faites partie de ceux qui malgré les difficultés n'ont pas été dépressifs ou n'ont pas perdu leur sommeil au cours de cette année, vous devez rendre grâce à DIEU.

Jean 16:33: Il fallait que je vous dise aussi cela pour que vous trouviez la paix en moi. Dans le monde, vous aurez à souffrir

bien des afflictions. Mais courage ! Moi, j'ai vaincu le monde.

Avoir la paix ne veut pas dire absence de problèmes, c'est plutôt garder son calme lors des épreuves.

Prenons l'exemple de Jésus qui dormait pendant la tempête, malgré que la barque était instable et que le vent soufflait, Jésus est resté calme contrairement à ses disciples qui étaient envahis par la peur (**Matthieu 8:23-27**). Vous n'avez pas pu conserver votre quiétude par vous-mêmes, c'est DIEU qui vous a fait grâce de la paix que vous avez ressenti tout au long de cette année. En étant conscients que c'est DIEU qui vous a aidé à traverser toutes vos difficultés, rendons lui grâce :

PRIERE:

Seigneur, je te remercie d'avoir été à mes côtés durant toute cette année et de m'avoir témoigné ton amour. Pardonne moi d'avoir eu à certains moments des doutes et

d'avoir cédé à la panique. Je reconnais aujourd'hui que c'est par ta grâce que j'ai été fortifié et réconforté. Merci Père d'avoir mis en mon cœur la sérénité et le courage dont j'ai faits preuve durant les circonstances que j'ai eu à traverser avec mes proches. Je rends grâce de ce que tu es le DIEU de paix maintenant et éternellement. Amen !

PSAUME

Psaume 34 : 2-10:

Oui, en tout temps, je remercierai l'Eternel et à jamais, mes lèvres le loueront. Mon sujet de fierté, c'est l'Eternel ! Que les humbles l'entendent et qu'ils se réjouissent ! Venez proclamez avec moi que l'Eternel est grand ! Exaltons-le ensemble pour ce qu'il est ! Moi, je me suis tourné vers l'Eternel et il m'a répondu. Oui, il m'a délivré de toutes mes frayeurs. Qui regarde vers lui est rayonnant de joie, et jamais son visage ne rougira de honte. Un malheureux a appelé, et l'Eternel a entendu, car il l'a délivré de toutes ses détresses. L'ange de l'Eternel monte la garde autour de ceux qui le révèrent ; c'est lui qui les libère. Goûtez et constatez que l'Eternel est bon ! Oui, heureux l'homme qui trouve son refuge en lui. Vous qui appartenez à l'Eternel, révérez-le ! Car rien ne manque à ceux qui le révèrent.

Jour 4: Famille tout au long de l'année passée

MEDITATION

Avoir une famille unie est un luxe pour certains d'entre nous. Tout le monde n'a pas la grâce de vivre dans l'unité et l'amour avec ses frères et sœurs. Plusieurs familles aujourd'hui se retrouvent brisées à cause d'un divorce, de l'éloignement d'un enfant, du manque de pardon entre frères et sœurs, des paroles blessantes, etc... .

Si donc, au moment de présenter ton offrande devant l'autel, tu te souviens que ton frère a quelque chose contre toi, laisse là ton offrande devant l'autel, et va d'abord te réconcilier avec ton frère ; puis tu reviendras présenter ton offrande (Matthieu 5:23-24). La volonté de DIEU est que les hommes vivent en harmonie avec leurs frères. Puisque le but premier de la famille est de glorifier DIEU, le diable a donc chercher à détruire les familles en amenant la discorde, le manque de pardon et les ruptures.

Aussi loin que je m'en souvienne, ma famille maternelle a toujours été soudée. Étant enfant, je ne considérais pas leurs échanges de voix comme des disputes parce que je savais que d'ici quelques jours j'allais les revoir entrain de rigoler pour un rien. Quand j'ai grandie spirituellement, j'ai compris que c'était DIEU qui faisait primer l'union par-dessus leurs conflits. Alors, si vous faites partie de ceux qui sont restés en bons termes avec chacun des membres de leur famille biologique comme spirituelle et que vous planifiez déjà des fêtes de famille, rendez grâces à DIEU parce que c'est lui qui a rendu cela possible.

PRIERE :

Père, je te rends grâce de ce que ma famille est restée soudée malgré les moments difficiles que nous avions vécu au cours de cette année. Tu as permis que l'amour, la paix et la joie règnent au milieu de nous et que le pardon soit constamment relâché. Je te prie Seigneur, d'accorder cette même grâce à toutes les familles du monde qui traversent

actuellement des crises qui éloignent leurs membres les uns des autres. Donne-leur de se réfugier en toi afin d'expérimenter ta miséricorde et que l'union soit désormais leur partage dans le nom puissant de Jésus-Christ. Amen !

PSAUME
Psaume 105 : 1-7:

Chantez l'Eternel et faites appel à lui ! Publiez ses œuvres parmi les nations ! Chantez à sa gloire, et célébrez-le en musique ! Racontez sans cesse toutes ses merveilles ! Soyez fiers de lui, car il est très saint ! Que le cœur de ceux qui sont attachés à l'Eternel soit rempli de joie ! Tournez-vous vers l'Eternel ! Faites appel à sa force ! Aspirez à vivre constamment en sa présence ! Souvenez-vous des merveilles qu'il a accomplies ! Rappelez-vous ses prodiges et les jugements qu'il a prononcés, vous les descendants d'Abraham, son serviteur, vous, fils de Jacob, vous qu'il a choisis ! Notre DIEU, c'est l'Eternel, c'est lui qui gouverne l'univers entier.

Jour 5: Travail tout au long de l'année passée

MEDITATION

Le chômage est une plaie qui sévit dans la plupart des pays alors que chaque année des milliers d'étudiants sortent diplômés des universités.

Beaucoup de personnes se retrouvent malheureusement dans la situation de diplômés sans emplois. Ce n'est pas la longueur de votre Curriculum Vitae (CV), ni la maîtrise de votre art qui vous a donné le travail que vous avez actuellement.

Quel que soit votre travail, faites-le de tout votre cœur, et cela par égard pour le Seigneur et non par égard pour des hommes. Car vous savez que vous recevrez du Seigneur comme récompense, l'héritage qu'il réserve au peuple de DIEU. Le maître que vous servez, c'est le Christ. (Colossiens 3:23-24).

Le but de DIEU à l'origine était que l'homme se nourrisse du fruit de ses mains (de son travail) sans trop de difficultés (**Genèse 2:15**) mais à cause du diable qui a poussé Adam à pécher, le sol a été maudit et le travail a été transformé en un dur labeur. (**Genèse 3:17-19**). Quel que soit votre métier (enseignant, agriculteur, banquier, agent immobilier, commerçant, secrétaire, mécanicien, architecte, chauffeur, conseiller client, hôtesse, médecin, etc...), vous devez être reconnaissant parce que c'est DIEU qui vous a permis de trouver ce travail et qui vous accorde la possibilité de l'exercer.

Il y a de cela quelques années lorsque j'étais à la recherche d'emplois, j'avais déposé mes CV un peu partout mais pendant plusieurs mois, je n'avais aucun retour jusqu'à ce que la faveur de DIEU me localise. Le même jour, j'ai reçu deux propositions, une pour un stage professionnel dans une banque et l'autre pour un contrat à durée déterminée (CDD) dans une Start-Up.

Même si le travail que vous faîtes actuellement n'est pas le travail de vos rêves ou que vous aurez voulu gagnez plus d'argent ou être à un poste plus élevé, souvenez-vous que beaucoup de personnes prient chaque matin pour avoir un travail afin de subvenir à leurs besoins.

PRIERE :

Père, je te loue de ce que tu m'as fait grâce d'avoir une activité qui me permet de subvenir à mes besoins et à ceux de mes proches. Je te présente ce travail comme un vase pour que tu me remplisses de plus de bénédictions. Merci Seigneur d'accorder à tous ceux qui sont à la recherche d'emplois, le travail que tu as toi même prévu pour eux afin que de par cette activité ils puissent faire ta volonté. AMEN !

PSAUME
Psaume 128 : 1-6:
Cantique pour la route vers la demeure de l'Eternel. Heureux es-tu ! Toi qui révères l'Eternel et qui suis les chemins qu'il a tracés ! Tu tireras profit du travail de tes mains, tout ira bien pour toi

et tu seras heureux. Dans ton foyer, ta femme sera comme une vigne chargée de nombreux fruits et, autour de ta table, tes fils ressembleront à des plants d'olivier. Ainsi sera béni tout homme qui révère l'Eternel. Oui, l'Eternel te bénira depuis le mont Sion, et tu contempleras Jérusalem heureuse tous les jours de ta vie, tu verras les enfants de tes enfants ! Que la paix soit sur Israël !

Jour 6: Finances tout au long de l'année passée

MEDITATION

C'est à moi qu'appartient tout l'argent et tout l'or. Voilà ce que déclare le Seigneur des armées célestes. (Aggée 2:8)

Vos besoins financiers sont pourvus par DIEU à qui tout appartient. Vous devez avoir autour de vous des mendiants, des sans-abris qui vous abordent pour quelques pièces. Vous devez avoir aussi des personnes qui ont du mal à boucler leur fin de mois et qui viennent solliciter votre aide. La providence divine vous localise pour subvenir à vos besoins, mais aussi pour aider les autres. Si vous avez pu d'une manière ou d'une autre venir en aide à ces différentes personnes que je viens de mentionner c'est que DIEU vous a béni.

Peut-être que votre objectif est de réunir une certaine somme pour votre retraite, d'avoir des revenus passifs ou encore d'investir suffisamment pour laisser un bel héritage à vos enfants, mais que pour le moment vous êtes confrontés à certaines difficultés financières. Il est normal que vous désiriez toutes ces choses. Rappelez-vous néanmoins que DIEU est la source de votre prospérité. Et si au cours de cette année, Il a permis à vous et à votre famille de pouvoir manger à votre faim, de vous divertir, d'aller en vacances, d'acheter des vêtements, de payer votre loyer ou de construire votre maison, etc..., la moindre des choses est de lui en être reconnaissant.

Par le passé, il arrivait que les objectifs financiers que je m'étais fixé en début d'année n'était pas atteint lors de mon bilan annuel mais lorsque je regardais toutes les réalisations accomplies ou débutées durant l'année, je comprenais que c'était par la grâce de DIEU que j'y étais arrivée parce qu'il y avait des mois au cours de l'année où ça n'allait pas du tout et où il fallait vraiment se serrer et prier pour un miracle.

DIEU s'intéresse à notre bien être financier et veut que nous utilisons nos ressources financières de manière sage. Remercions le pour ce qu'il a pourvu au cours de cette année.

PRIERE :

Merci Seigneur pour les ressources financières que tu m'as permis d'obtenir au cours de cette année. Je te prie d'envoyer sur ma famille et moi la providence divine pour ouvrir nos yeux sur les opportunités qui vont augmenter nos revenus. Fais de nous une source de bénédiction pour les autres et que l'abondance financière soit notre partage au nom de Jésus le Christ notre Seigneur. AMEN !

PSAUME

Psaume 107 : 1-9:

Célébrez l'Eternel, car il est bon, car son amour dure à toujours. Qu'ils le proclament, tous ceux que l'Eternel a délivrés, qu'il a sauvés des mains de l'oppresseur, et qu'il a rassemblés de tous pays : de l'est, de l'ouest, du nord et du midi. Les uns erraient perdus dans le désert, dans des lieux où il n'avait personne, et sans trouver une ville habitée. Ils étaient affamés, ils avaient soif, et ils étaient tout près de défaillir. Dans leur détresse, ils ont crié à l'Eternel, et il les délivra de leurs angoisses. Il les conduisit par le droit chemin, pour aller vers une ville habitable. Qu'ils louent donc l'Eternel pour son amour, pour ses miracles en faveur des hommes ! il a désaltéré les assoiffés, il a comblé de biens les affamés.

Jour 7: Souffle de vie pour l'année prochaine

MEDITATION

Oui, c'est l'Esprit de DIEU qui m'a formé, c'est le souffle du Tout-puissant qui me fait vivre. (Job 33:4). Sans le souffle de vie, vous ne pouvez rien faire, seuls les vivants peuvent :

- louer et adorer DIEU ;

- prier, lire et méditer la parole de DIEU ;

- aller travailler ;

- manger et boire ;

- passer du bon temps en famille ;

- se plaindre des situations difficiles qu'ils rencontrent ;

- rendre grâce à DIEU, etc.

Si vous voulez continuer à faire toutes ces choses, il est important de remercier DIEU en avance pour le souffle de vie qu'il va renouveler en vous durant toute la nouvelle année et les prochaines années. Vous n'avez pas besoin d'attendre de vous réveiller chaque matin avant de rendre grâce à DIEU mais vous devez être reconnaissant du fait que vous saviez même sans avoir encore vu que DIEU va vous réveiller encore pendant plusieurs années.

PRIERE :

Merci Seigneur de nous avoir garder moi et tous mes proches en vie jusqu'à présent, je sais que c'est par ta volonté que nous nous réveillons chaque matin. Merci Père de renouveler cette grâce dans ma vie et dans la vie des miens pendant cette nouvelle année. Je te prie de m'accompagner à chaque instant de mes prochaines journées pour que toutes mes actions et mes paroles ne servent qu'à te rendre grâces. AMEN !

PSAUME

Psaume 86 : 1-13:

Prière de David. Tends vers moi ton oreille, Eternel, réponds-moi, car je suis pauvre et malheureux. Viens protéger ma vie, car je suis attaché à toi. Et toi, tu es mon DIEU. Je suis ton serviteur qui se confie en toi : viens me sauver ! O Seigneur, fais-moi grâce ! Je crie vers toi sans cesse : réjouis ton serviteur, car c'est vers toi, Seigneur, que je me tourne. Oui, tu es bon, Seigneur, et prompt à pardonner, riche en amour pour tous ceux qui t'invoquent. Ecoute ma prière, ô Eternel ! Sois attentif à mes supplications ! Au jour de ma détresse, c'est vers toi que je crie, car tu m'exauceras. Parmi les dieux, Seigneur, nul n'est semblable à toi ! Aucun ne pourrait faire ce que toi, tu as fait, et toutes les nations que tu as faites viendront se prosterner devant toi, ô Seigneur : elles te rendront gloire. Car tu es grand, et tu fais des merveilles ! Tu es le seul vrai DIEU ! Enseigne-moi, ô Eternel, à suivre les voies que tu traces, et je me conduirai selon ta vérité. Accorde-moi un cœur qui te révère sans partage. De tout mon cœur, je te louerai, Seigneur mon DIEU, je te rendrai gloire à toujours. Car ton amour pour moi est grand, et tu m'as délivré du gouffre de la mort.

Jour 8: Santé pour l'année prochaine

MEDITATION

Lorsqu'un de nos parents est gravement malade, cela nous affecte moralement parce qu'on ne supporte pas de le voir souffrir et quand il s'agit de nous-même, on peut se retrouver perdu dans le flot de souffrance que nous ressentons. Seulement, il est primordial de se rappeler que la Bible nous dit dans **Matthieu 8:16** que Jésus guérissait tous les malades. Oui, il n'y a aucune maladie qui a résisté devant Jésus parce que la volonté de DIEU pour nous ces enfants est de demeurer en parfaite santé.

Voici, je lui donnerai la guérison et la santé, je les guérirai, Et je leur ouvrirai une source abondante de paix et de fidélité. (Jérémie 33:6) .

La santé est une grâce que DIEU donne, c'est lui qui renouvelle nos forces physiques. Ensemble, remercions notre Père pour la santé qu'il va nous donner tout au long de cette nouvelle année :

Père, je me tiens aujourd'hui dans ta présence pour te remercier pour la santé parfaite que tu veux me donner durant cette nouvelle année. Par le sang de Jésus versé pour nous à la croix, renouvelle chacune des cellules de mon corps afin que tous mes organes puissent fonctionner normalement. Je déclare que cette prière est mon partage et celui de mes proches dans le nom puissant de Jésus-Christ. AMEN !

PSAUME
Psaumes 147 : 1-7 :

Loué soit l'Eternel ! Oui, qu'il est bon de célébrer notre DIEU en musique et qu'il est agréable de le louer ainsi qu'il en est digne. L'Eternel rebâtit Jérusalem, il y rassemblera les déportés du peuple d'Israël. Ceux qui sont abattus, il les guérit. Il panse leurs blessures ! C'est lui qui détermine le nombre des étoiles, et à chacune d'elles il donne un nom. Notre Seigneur est grand, son pouvoir est immense, sa science est infinie. L'Eternel soutient les petits, mais il renverse les méchants et les abaisse jusqu'à terre. Chantez pour l'Eternel d'un cœur reconnaissant ! Célébrez notre DIEU aux sons de la cithare !

Jour 9: Paix pour l'année prochaine

MEDITATION

Beaucoup de personnes recherchent la paix dans le monde alors que la véritable paix ne vient pas de ce monde. Jésus nous dit dans **Jean 14:27: Je pars, mais je vous laisse la paix, c'est ma paix que je vous donne. Je ne vous la donne pas comme le monde la donne. C'est pourquoi, ne soyez pas troublés et n'ayez aucune crainte en votre cœur.** C'est Jésus qui donne la paix dont le cœur a besoin. Il y aura dans votre vie des situations qui viendront pour vous déstabiliser et vous allez essayer de prendre le contrôle, de gérer les choses pour ne pas laisser les évènements vous submerger. Mais la paix que vous recherchez ne vient pas de vous, parce que c'est DIEU qui donne la paix et c'est cette grâce de DIEU qui vous élève au-dessus de tous vos problèmes alors vous devez être reconnaissant en avance de la paix que DIEU va vous accorder tout au long de la nouvelle année mais aussi des années à venir.

2Thessaloniciens 3:16: Que le Seigneur qui donne la paix vous accorde lui-même la paix de toute manière et en toutes circonstances. Que le Seigneur soit avec vous tous.

Prions ensemble pour que la paix de DIEU nous accompagne tous les jours de notre vie.

PRIERE :

Seigneur, Merci de m'aider à conserver ma sérénité et ma quiétude peu importe les situations que j'aurai à rencontrer au cours de cette année. Accorde-moi, ainsi qu'à mes proches la grâce d'être conduit par ton Esprit Saint tous les jours afin de demeurer constamment en sécurité. Je te prie Prince de la paix de nous accorder une paix profonde que toi seul peut donner pour qu'à notre tour nous soyons des artisans de paix. Amen !

PSAUME

Psaume 118 : 1-9:

Célébrez l'Eternel, car il est bon, car son amour dure à toujours ! Proclamez-le, habitants d'Israël : « Oui, son amour dure à toujours ! » Proclamez-le, descendants d'Aaron : « Oui, son amour dure à toujours ! » Proclamez-le, vous qui révérez l'Eternel : « Oui, son amour dure à toujours ! » Du fond de ma détresse, j'ai fait appel à l'Eternel, et il m'a répondu en me rendant la liberté. L'Eternel est pour moi, je ne craindrai plus rien, que me feraient les hommes ? L'Eternel est pour moi, il vient à mon secours. Je peux donc regarder en face tous ceux qui me haïssent. Mieux vaut se réfugier auprès de l'Eternel que compter sur les humains. Mieux vaut se réfugier auprès de l'Eternel que de compter sur les gens importants.

Jour 10: Famille pour l'année prochaine

MEDITATION

Jérémie 31:1: En ce temps-là, dit l'Eternel, Je serai le DIEU de toutes les familles d'Israël, Et ils seront mon peuple.

C'est DIEU lui-même qui a institué la famille pour qu'elle soit un instrument qui doit refléter son image. La connexion entre les membres d'une même famille est essentielle pour glorifier le nom de DIEU. Pour cela, il faut que l'amour vrai soit manifesté au sein de la famille.

La famille ne se limite pas seulement à des personnes qui ont des liens de sang. Dans la bible, on parle de maison (**Josué 24 :15** version Louis Segond). C'est-à-dire toutes les personnes avec qui vous avez une relation. La famille, c'est aussi les membres de votre église.

Etant donné que chacun de nous est créé à l'image de DIEU, nous devrions exprimer vis-à-vis des autres de l'amour, de la compassion, de la bonté, de la joie, de la paix, de la communion fraternelle.

Psaume 133:1 : Voici, oh! Qu'il est agréable, qu'il est doux pour des frères de demeurer ensemble!

En effet, chacun de nous est unique, nous portons une différence qui nous est personnelle. Même les jumeaux n'ont pas le même trait de caractère, alors soyons indulgents les uns envers les autres. Nous devons nous aimer malgré nos différences.

Seul DIEU peut mettre en vos cœurs l'amour nécessaire pour accepter les différences des autres et les aimer tels qu'ils sont. C'est Lui qui peut accorder l'unité familiale. Confions-nous à lui ainsi que les membres de nos familles pour les prochaines années.

PRIERE :

Seigneur, je viens te consacrer chaque membre de ma famille. Par ton Esprit Saint, fait régner la paix et l'harmonie au sein de notre famille. Merci Père de nous unir davantage afin de tous ensemble nous

puissions glorifier ton Saint nom. Que les couples se réconcilient, que les enfants reviennent vers leurs parents, que les frères et sœurs se pardonnent, que les relations se restaurent et que ton amour soit à jamais gravé dans nos cœurs. Amen !

PSAUME
Psaumes 100 : 1-5 :

Psaume pour remercier DIEU. Acclame l'Eternel, ô terre tout entière ! Servez l'Eternel avec joie ! Entrez en sa présence avec des chants joyeux ! Sachez que c'est lui seul, l'Eternel, qui est DIEU ! C'est lui qui nous a faits, nous lui appartenons, et nous sommes son peuple, le troupeau de son pâturage. Entrez sous ses portiques avec reconnaissance ! Entrez dans ses parvis en chantant ses louanges ! Rendez-lui votre hommage et louez-le pour ce qu'il est ! Car l'Eternel est bon, car son amour dure à toujours et sa fidélité s'étendra d'âge en âge.

Jour 11: Travail pour l'année prochaine

MEDITATION

Le travail est une bénédiction qui, réalisée pour la gloire de DIEU est source de bienfaits et de grâces. C'est le travail qui permet à l'homme de subvenir à ses besoins et à ceux de son entourage.

Votre travail devient une source d'épanouissement et vous éprouvez du plaisir à accomplir vos différentes tâches, lorsque vous réalisez que c'est DIEU qui vous a fait don de ce travail. Vous appréciez donc l'effort que vous fournissez et ainsi glorifiez DIEU.

Mais, si DIEU a donné à un homme des richesses et des biens, s'il l'a rendu maître d'en manger, d'en prendre sa part, et de se réjouir au milieu de son travail, c'est là un don de DIEU (Ecclésiaste 5:19).

C'est en rendant grâce pour votre travail que DIEU vous permet d'acquérir des biens et des richesses qui sont profitables pour vous, votre famille, la société, mais aussi pour son Royaume.

Vous devez faire de votre travail une louange que vous offrez comme un sacrifice d'action de grâce. Confions ensemble votre travail afin que DIEU l'utilise pour vous bénir d'avantage au cours des prochaines années.

PRIERE :

Merci Seigneur pour le travail que tu m'as donné, je te prie de libérer dans ma vie et dans celle de mes proches des opportunités professionnelles afin que nous puissions te servir et t'honorer. Merci de ce que tu permets que cette activité soit une bénédiction dans nos vies. Accompagne-nous lors de la réalisation de nos tâches et fortifie-nous à chaque difficulté. Que chaque réussite, chaque exploit et chaque réalisation de nos mains glorifie ton saint nom. AMEN !

PSAUME

Psaumes 146 : 1-7:

Louez l'Eternel ! Que, de tout mon être, je loue l'Eternel ! Je veux louer l'Eternel tant que je vivrai, je célébrerai mon DIEU en musique tant que je serai sur terre. Ne placez pas votre foi dans les puissants de ce monde ni dans des humains incapables de sauver ! Dès qu'ils ont poussé leur dernier soupir, ils retournent à la terre et, au même instant, leurs projets s'évanouissent. Heureux l'homme qui a pour appui le DIEU de Jacob et dont l'espérance est dans l'Eternel son DIEU. Car l'Eternel a créé le ciel et la terre ainsi que la mer, avec tout ce qui s'y trouve. Il reste à jamais fidèle. Il fait droit aux opprimés ; il nourrit les affamés ; l'Eternel relâche ceux qui sont emprisonnés.

Jour 12 : Finances pour l'année prochaine

MEDITATION

Deutéronome 28 : 12 : L'Eternel t'ouvrira son bon trésor, le ciel, pour envoyer à ton pays la pluie en son temps et pour bénir tout le travail de tes mains ; tu prêteras à beaucoup de nations, et tu n'emprunteras point.

DIEU est la source de l'abondance et étant un père aimant, il ne veut pas que ses enfants vivent dans la disette et dans la pauvreté. Lorsque vous avez des soucis pour subvenir à vos besoins primaires, que vous êtes limité financièrement, vous ne pourrez pas accomplir pleinement la mission que DIEU a prévu pour vous.

La volonté de DIEU est que nous prospérions dans tous les domaines, que ce soit sur le plan physique, matériel, émotionnel et spirituel (**3 jean 1:2**) afin d'impacter le monde et que son nom soit glorifié.

Lorsque DIEU vous bénit financièrement ce n'est pas juste pour vous. Ce n'est pas pour acquérir beaucoup de biens matériels, mais c'est plutôt pour que vous veniez en aide à ceux qui sont dans le besoin et que vous investissiez dans les activités de son Royaume. L'argent est juste un moyen que DIEU met à notre disposition pour l'œuvre que nous sommes appelés à réaliser sur la terre et nous devrions lui rendre compte aux derniers jours de la manière dont nous l'avions utilisé. Confions-nous à DIEU pour qu'il nous instruise sur comment gérer les finances qu'ils nous a confiées :

PRIERE :

Père, je te rends grâce de ce que la richesse et l'abondance m'accompagne, donne-moi la sagesse nécessaire pour bien gérer les finances que tu mets à ma disposition. Que par ton Esprit Saint, je prenne les bonnes décisions pour accroître mes ressources financières afin qu'elles servent à t'honorer et qu'elles soient utilisées

pour la gloire de ton nom. Utilise-moi ainsi que ma famille pour aider ceux qui sont dans le besoin et ceux qui souffrent. Enseigne-nous à être généreux, à payer régulièrement nos dîmes et offrandes et à semer dans les œuvres du ton Royaume. AMEN !

PSAUME
Psaume 112 : 1-9 :

Louez l'Eternel ! Heureux l'homme qui révère l'Eternel et qui trouve un grand plaisir à mettre en pratique ses commandements. Sa postérité sera forte sur la terre et DIEU bénira les enfants du juste. L'abondance et la richesse règneront dans sa maison, il demeure pour toujours, approuvé par DIEU. Au cœur des ténèbres, la lumière s'est levée pour les hommes droits et compatissants, pour ceux qui font grâce, qui sont bons et justes. Il est bon que l'homme prête généreusement et qu'il gère ses affaires avec équité, car rien ne pourra jamais l'ébranler, on se souviendra pour toujours du juste. Il n'a pas à craindre les bruits malveillants. Son cœur est tranquille: il s'appuie sur l'Eternel. Ferme sur ses positions, il n'a point de crainte, à la fin, il peut regarder en face tous ses ennemis. On le voit donner largement aux indigents. Il demeure pour toujours approuvé par DIEU. Honoré de tous, il peut relever la tête.

Prière de début d'année :

Père, je te remercie du fond de mon cœur de m'avoir permis de voir cette nouvelle année avec mes proches. Je suis extrêmement reconnaissant que tu aies voulu nous accorder la grâce de vivre cette nouvelle année. Je te prie de nous accompagner par ton Esprit-Saint tous les jours de cette année afin que ta volonté s'accomplisse dans nos vies. Merci Seigneur de nous accorder la grâce de nous rapprocher davantage de toi durant cette année afin d'être des instruments utiles entre tes mains et de voir ta miséricorde étendue sur toute la terre.

Je te prie Père de localiser tous mes frères et sœurs en Christ peu importe leur lieu de résidence afin de faire pleuvoir sur eux tes bénédictions dans le nom puissant de Jésus-Christ. AMEN !

Psaumes 150 : 1-6:

Louez l'Eternel ! Louez DIEU dans son sanctuaire ! louez-le dans l'étendue où éclate sa puissance ! Louez-le pour ses hauts faits, louez-le pour sa grandeur infinie ! Louez-le au son du cor, louez-le au son du luth et de la cithare ! Louez-le avec des danses et au son des tambourins ! Louez-le avec la lyre et avec la flûte ! Louez-le par les cymbales bien retentissantes ! Louez-le par les cymbales résonnant avec éclat ! Que tout ce qui vit loue donc l'Eternel ! Louez l'Eternel !

CONCLUSION

Nous voilà à la fin de ce guide sur le pouvoir de la reconnaissance. J'espère vivement que vous êtes à présent conscient de l'importance d'exprimer sa reconnaissance envers DIEU et que vous allez effectuer le challenge ''A.G-12'' avec un cœur rempli de gratitude.

Je vous exhorte à intégrer l'action de grâce dans tous vos moments de prières quotidiens et vous verrez ainsi un grand changement s'opérer dans votre vie.

Aussi vous devez vous débarrasser du doute, de la peur et de l'impatience parce que DIEU n'agit pas selon votre programme mais il agit selon ses plans et son timing. Lorsque vous lisez l'histoire de Joseph dans la Genèse, vous verrez qu'il est passé par beaucoup de challenges (vendu comme esclave par ses propres frères, envoyé en prison injustement) avant de devenir 1er ministre de pharaon en Egypte. Vous devez faire confiance à DIEU, donc au processus même si vous le trouvez lent et douloureux. Il faut que vous lâchiez prise, que vous laissiez DIEU prendre le contrôle et agir à sa manière pour accomplir ses œuvres.

Ne tombez surtout pas dans le péché d'ingratitude, cela conduit à une condamnation (jugement) de DIEU.

Romains 1:21: Puisque ayant connu DIEU, ils ne l'ont point glorifié comme DIEU, et ne lui ont point rendu grâces ; mais ils se sont égarés dans leurs pensées, et leur cœur sans intelligence a été plongé dans les ténèbres.

La reconnaissance envers DIEU procure la joie, restaure les cœurs et transforme les vies. Vous devez être reconnaissant pour le don du Christ, pour la vie éternelle, pour l'amour et la miséricorde de DIEU, pour le souffle de vie, pour la santé, pour tout ce qui vous entoure et dont vous bénéficier.

Je prie le Seigneur de vous remplir de la puissance du Saint Esprit afin qu'il active en vous l'attitude de la reconnaissance.

Si vous avez des questions ou si vous souhaitez bénéficier d'un accompagnement personnalisé, vous pouvez me joindre à cette adresse : **mesmereagossou@idealdivin.com.**

Rendez-vous pour plus de contenus édifiants sur le site web **Idealdivin.com** et rejoignez-nous sur nos différents réseaux sociaux afin de vous étirer spirituellement et entrer dans le plan de DIEU pour votre vie.

Soyez bénis et Heureuse Année !

REFERENCES :

❖ Bibles :

- *Version Louis Segond ;*

- *Version Segond 21 ;*

- *Version Semeur ;*

- *Version Darby.*

❖ Audience générale du Pape François. Mercredi 30 décembre 2020, Catéchèse – 20. La prière d'action de grâces

❖ La puissance de la reconnaissance : 365 méditations de Joyce MEYER

Printed by Books on Demand GmbH, Norderstedt / Germany